LEON

Suppen, Salate & Snacks

NATÜRLICH SCHNELLE REZEPTE

Von Henry Dimbleby, Kay Plunkett-Hogge, Claire Ptak & John Vincent

FOTOGRAFIEN VON GEORGIA GLYNN SMITH · DESIGN VON ANITA MANGAN

Inhalt

Einleitung

Die Gründung von Leon beruhte auf der Überzeugung, dass Essen gut schmecken und gut tun sollte.

Die Rezepte in diesem Buch basieren auf einer kleinen Anzahl von Zutaten, die leicht zu bekommen sind und bestehen zum Großteil aus fünf oder weniger Schritten. Keines der Rezepte wird Sie länger als 20 Minuten Zubereitungszeit kosten, ausgenommen Bennys Schottische Eier (s. S. 44) und Annas Käse-Empanadas (s. S. 46). Beide werden Ihnen jedoch die aufgewendete Zeit überreichlich entlohnen. Lassen Sie Ihren Ofen den Rest erledigen und lehnen Sie sich mit einem Glas Wein oder einem kniffligen Rätsel zurück – was Ihnen lieber ist.

Es handelt sich um ein kleines Buch und wir möchten, dass es zu einem Begleiter wird. Oder den Sie, so schmerzvoll es auch sein mag, dem geliebten Kind an dem Tag an dem es das Nest verlässt in die Hand drücken.

Die Rezepte (eine Auswahl der besten aus den großen Leon-Büchern) sind nicht nur schnell zuzubereiten, sie wurden auch aufgrund ihrer großen Bandbreite ausgewählt. Die Suppen rangieren zwischen duftend-exotisch – Apples persische Zwiebelsuppe (s. S. 10) – und heimelig-gemütlich, wie die Speck- und Wurzelgemüsesuppe (s. S. 23).

Im Kapitel Salate finden Sie Gerichte, die fast lachhaft schnell gehen. Versuchen Sie den Bohnensalat mit eingelegten Zwiebeln (s. S. 26) oder den Makrelensalat (s. S. 39). Wenn Sie es gerne ein wenig glamouröser hätten, dann bietet sich Lauras Juwelensalat (s. S. 28) an, der das Zentrum jedes sommerlichen Essens bilden könnte.

Mit dem Kapitel Snacks hoffen wir, Ihnen Inspirationen für die gelegentlichen Momente unbestimmten Appetits geliefert zu haben. Sie finden darin kreative Ideen für Kartoffeln (s. S. 48) und Toast (s. S. 54). Es gibt schnelle Dips (s. S. 56) und natürlich den Leon-Bestseller Fischstäbchen-Wrap (s. S. 52).

Welches Rezept auch immer Sie gerade anlacht, wir hoffen, dass Sie dieses Buch wieder und wieder zur Hand nehmen. Und dass Sie es in 20 Jahren immer noch in Ihrer Küche haben – eselsohrig und saucenverschmiert, aber geliebt. Fröhliches Kochen!

Henry & John

SUPPEN

Apples persische Zwiebelsuppe

PORTIONEN: 4 KLEINE • ZUBEREITUNGSZEIT: 10 MINUTEN • GARZEIT: 40 MINUTEN • ♥ ✓ WF MF GF

Ein Lieblingsrezept aus unseren Restaurants – ein gesunder, echter Fitmacher.

4 große **Zwiebeln**
2 EL **Olivenöl**
1 gehäufter TL **Kurkuma**
1 gehäufter TL **gemahlener Bockshornklee**
1 TL **getrocknete Minze**
1 Liter **Hühnerbrühe** oder **Gemüsebrühe**
1 **Zimtstange**
½ **Zitrone**
Meersalz und **frisch gemahlener schwarzer Pfeffer**

1. Zwiebeln schälen, dünn in Scheiben schneiden und in eine große Pfanne mit Olivenöl geben. Salz und Pfeffer hinzufügen, die Pfanne zudecken und mindestens 15 Minuten bei niedriger Hitze garen und gelegentlich umrühren.

2. Kurkuma, Bockshornklee sowie Minze hinzufügen und kurz ohne Deckel weiter garen lassen.

3. Brühe und Zimtstange hinzugeben, zum Kochen bringen. Die Temperatur reduzieren und mindestens 20 Minuten köcheln lassen.

4. Mit dem Saft einer halben Zitrone, mit Salz und Pfeffer würzen und servieren. Apple lässt die Zimtstange gern drin.

Meine beste Freundin Sophie Douglas Bate ist die unglaubliche Chefköchin von Edible Food Design. Seit Jahren kochen und reisen wir gemeinsam. Ihre Familie lebte früher in Teheran. Diese Suppe zählt zu unseren Favoriten – ein tolles Rezept für alle, die abnehmen wollen.

APPLE

TIPPS

* Zum Schluss mit etwas gehackter frischer Minze und Petersilie bestreuen.

* Apple fügt 1 TL Zucker hinzu – wir lassen das weg.

Kays Minestrone Maltese

PORTIONEN: 4 • VORBEREITUNGSZEIT: 20 MINUTEN • GARZEIT: 30 MINUTEN

Als meine Eltern nach Gozo auf Malta zogen, freundeten sie sich schnell mit ein paar Bauern aus der Umgebung an. Einer dieser Bauern brachte ihnen die Grundlage für diese Suppe bei. Es ist kein dünnes Süppchen, sondern eine herzhafte, reichhaltige Suppe voller Geschmack.

1–2 EL **Olivenöl**
1 **Zwiebel**, fein gehackt
1 **Karotte**, fein gehackt
1 Stange **Sellerie**, fein gehackt
2 **Knoblauchzehen**, fein gehackt
1 TL **frischer Rosmarin**,
   fein gehackt
1,2 l **Gemüsebrühe**
1 Dose **gehackte Tomaten** (400 g)
1 **Lorbeerblatt**
1 Stück **Parmesanrinde**
80 g **Pasta** (möglichst filigran)

1 Dose **Cannellini-Bohnen** (400 g)
   abgetropft und abgespült
150 g **Erbsen**
1 **Zucchini**, in Stücke geschnitten
1 großzügige Prise
   geriebene Muskatnuss
70 g **Speckstreifen** (optional)
ein paar **Sellerieblätter**, gehackt
frisch geriebener **Parmesan**
   zum Garnieren
Salz und **frisch gemahlener
   schwarzer Pfeffer**

1. Das Öl in einer großen Pfanne mit schwerem Boden bei geringer bis mittlerer Temperatur erwärmen. Zwiebel, Karotte, Sellerie und Knoblauch zufügen und etwa 5 Minuten andünsten. Rosmarin dazugeben und für rund 2 Minuten mitdünsten.

2. Brühe, Tomaten, Lorbeerblatt und Parmesanrinde unterrühren und alles 5 Minuten kochen. Mit Salz und Pfeffer würzen, die Bohnen in den Topf geben und weitere 15 Minuten kochen lassen.

3. Die Nudeln in die Suppe geben und nach Anleitung mitkochen. Etwa 5 Minuten vor Ende der Garzeit das restliche Gemüse zufügen.

4. Ein wenig Muskatnuss in die Suppe rühren und abschmecken.

5. Mit gehackten Sellerieblättern und geriebenem Parmesan servieren.

TIPPS

* Minestrone heißt einfach nur „große Suppe", Sie können also so ziemlich alles dazugeben, was Ihnen schmeckt. Ersetzen Sie die Erbsen doch mal durch rund 400 g geputzten und klein geschnittenen Kohl oder Mangold!

* Wenn ich Speckstreifen zur Suppe gebe, brate ich sie normalerweise in einer eigenen Pfanne an und garniere die Suppe dann damit. So kann ich diese auch als vegetarisches Gericht servieren. Sie können den Speck aber auch gleich zu Beginn, noch vor der Zwiebel, in der Pfanne anbraten und so der Suppe ein tiefes Speck-Aroma verleihen.

Marions Linsensuppe

PORTIONEN: 6 • VORBEREITUNGSZEIT: 10 MINUTEN • GARZEIT: 1 STUNDE • ✓ WF GF

Marion, Johns Mutter, macht diese Suppe für ihre Familie, wenn es draußen kalt oder wenn jemand verkühlt ist. Bereiten Sie eine große Portion zu, legen Sie Vorräte an und holen Sie sie aus dem Gefrierschrank, wann immer sie gebraucht werden.

1 EL **Olivenöl**
1 große **Zwiebel**, klein gehackt
2 Stangen **Lauch**, in Ringe geschnitten
1 **Knoblauchzehe**, zerdrückt
4 Scheiben durchwachsener **Räucherspeck**, in Stücke geschnitten
2 **Karotten**, in Scheiben geschnitten
3 Stangen **Sellerie**, in Stücke geschnitten
225 g **rote Linsen**, abgespült und abgetropft
½ TL **geriebene Muskatnuss** oder **Kurkuma**
1,25 l **Gemüse-** oder **Hühnerbrühe**
Salz und **frisch gemahlener schwarzer Pfeffer**

1. Das Öl in einem großen Topf mit schwerem Boden erhitzen. Zwiebel und Lauch darin andünsten, bis sie glasig sind. Knoblauch und Speck dazugeben und bei mittlerer Temperatur 3–4 Minuten anbraten.

2. Karotten und Sellerie in den Topf geben und weitere 2–3 Minuten braten. Zum Schluss die Linsen einrühren und mit Muskatnuss oder Kurkuma würzen.

3. Die Brühe angießen und die Suppe zum Kochen bringen. Zugedeckt für 30–40 Minuten, oder bis die Linsen und das Gemüse weich sind, köcheln lassen. Die Suppe mit Salz und Pfeffer abschmecken und anschließend mit dem Stabmixer pürieren.

TIPPS

* Marion püriert die Suppe mit dem Stabmixer. Falls Sie einen Standmixer verwenden, achten Sie darauf, dass Sie nicht zu viel Suppe auf einmal hineinfüllen und so die ganze Küche (und sich selbst) mit heißer Suppe vollspritzen.

* Verwenden Sie mehr Karotten und/oder Sellerie für eine dickflüssigere Suppe.

Kartoffel-Lauch-Suppe

PORTIONEN: 4 • VORBEREITUNGSZEIT: 20 MINUTEN • GARZEIT: 45 MINUTEN • WF GF V

Das ist die einfachste und beruhigendste Suppe, die ich kenne. Perfekt für einen stürmischen Wintertag.

1 Stange **Lauch** (ca. 350 g),
   geputzt und in Ringe geschnitten
350–400 g mehlige **Kartoffeln**,
   geschält und in Stücke geschnitten
2 TL **Meersalz**
1 l **Wasser**
125 g **Crème double**
1 EL **frische glatte Petersilie**, gehackt
frisch gemahlener schwarzer Pfeffer

1. Lauch und Kartoffeln in einen Stieltopf mit schwerem Boden geben. Salz und Wasser zufügen und zum Kochen bringen. 30–35 Minuten köcheln lassen, bis das Gemüse weich ist. Vom Herd nehmen und mit dem Stabmixer pürieren.

2. Erst die Crème double, dann die Petersilie und ein wenig frisch gemahlenen Pfeffer unterrühren. Abschmecken und mit knusprigem Brot servieren.

Kürbissuppe mit Pfiff

PORTIONEN: 4 • VORBEREITUNGSZEIT: 15 MINUTEN • GARZEIT: 1 STUNDE 15 MINUTEN • ♥ WF GF V

Diese cremige und wohltuende, fröhlich bunte Suppe hellt auch den finstersten Herbsttag auf. Um sie ein bisschen aufzupeppen, haben wir gemahlenen Kreuzkümmel und Koriander dazugegeben, die der Suppe zusätzliche Wärme verleihen.

1 **Kürbis**, die Kerne und faserigen Teile entfernt, in Spalten geschnitten (es sollen etwa 1,25 kg Fruchtfleisch übrig bleiben)

3–4 Zweige **frischer Thymian**

2 EL **Olivenöl**

725 ml gute **Gemüse-** oder **Hühnerbrühe**

1–2 TL **gemahlener Kreuzkümmel**

1–2 TL **gemahlener Koriander**

2 **Limetten**, in Spalten geschnitten, zum Anrichten

2 TL getrocknete **Chiliflakes** zum Garnieren

Salz und **frisch gemahlener schwarzer Pfeffer**

1. Den Ofen auf 180 °C vorheizen.

2. Die Kürbisspalten und den Thymian in eine große Bratenform legen, mit Olivenöl beträufeln und mit Salz und Pfeffer würzen. Für 45–60 Minuten bzw. so lange, bis der Kürbis richtig weich und zart ist, im Ofen rösten. Achtung: Das könnte auch länger dauern, jeder Kürbis ist anders – sehen Sie also einfach immer wieder nach, bis er weich ist.

3. Den Kürbis anschließend zur Seite stellen, abkühlen lassen und dann das Fleisch von der Schale schaben. Falls es sich im Ganzen ablösen lässt, die Spalten in 2 cm dicke Stücke schneiden. Mit der Brühe in einen Topf geben und mit dem Stabmixer pürieren, bis eine cremige Masse entsteht.

4. Die Gewürze zufügen und etwa 5 Minuten lang erhitzen. Kosten und abschmecken.

5. In kleine Schüsseln verteilen und mit den Limettenspalten und ein paar Chiliflakes servieren.

Belindas Hühnernudelsuppe

PORTIONEN: 4 • ZUBEREITUNGSZEIT: 10 MINUTEN • GARZEIT: 10 MINUTEN • ❤ ✓ WF MF GF

Ein schnelles und gesundes Abendessen unter der Woche.

1 Liter **Hühnerbrühe**
2 **Hähnchenbrüste** aus Freilandhaltung
2 **Knoblauchzehen**
200 g **Pilze**, Mix aus Shiitake und braunen Champignons
100 g **Pak-Choi** (Chinesischer Senfkohl)
1 große Handvoll **frischer Koriander**
2 EL **Erdnussöl**
200 g **Reisnudeln**
3 EL **Sojasauce**
2 EL **geröstetes Sesamöl**

1. Hühnerbrühe in einen Topf geben und zum Kochen bringen. Hähnchenbrüste in kleine Stücke schneiden.

2. Knoblauch schälen und fein hacken. Pilze in großzügige Scheiben schneiden. Pak-Choi und Koriander grob hacken

3. Erdnussöl in einen heißen Wok geben. Sobald Rauch aufsteigt, Knoblauch dazu geben und Sekunden später auch das Hähnchenfleisch und die Pilze. Alles rühren, bis es gar ist (etwa 5–7 Minuten lang). Sojasauce sowie Sesamöl hinzufügen und miteinander vermischen.

4. Reisnudeln und Pak-Choi in die heiße Hühnerbrühe geben. Im geschlossenen Topf 3–4 Minuten kochen. Den Inhalt des Woks in den Topf mit der Hühnerbrühe und den Reisnudeln geben und Koriander darüber streuen. Sofort essen.

Meine Stiefmutter Belinda bringt mühelos ihre Großfamilie und ihren Beruf als Psychologin unter einen Hut bringen: Wann immer Familie und Freunde zu Besuch kommen (was recht häufig geschieht), bewirtet sie ihre Gäste mit einem Festschmaus. Diese Suppe gehört zu den Lieblingsrezepten.

HENRY

TIPPS

* Reisnudeln nehmen je nach Sorte mehr oder weniger Brühe auf. Eventuell mehr Brühe verwenden.

* Geben Sie kurz vor dem Essen einen Spritzer Limettensaft zur Suppe.

Wurzelgemüsesuppe mit Speck

PORTIONEN: 4–6 • ZUBEREITUNGSZEIT: 20 MINUTEN • GARZEIT: 30 MINUTEN • ✓ WF GF

Diese wärmende Wintersuppe zählt zu Mimas Top-Rezepten.

- 100 g **durchwachsener Speck**
- 1 große **Zwiebel**
- 150 g **Möhren**
- 150 g **Steckrüben**
- 150 g **festkochende Kartoffeln**
- 350 g **Pastinaken**
- 2 EL **Olivenöl**
- 2 **Lorbeerblätter**
- 1,5 Liter **Hühnerbrühe**
- 100 g geriebener **Cheddar** oder **Parmesan**
- **Meersalz** und **frisch gemahlener schwarzer Pfeffer**

1. Speck klein schneiden. Zwiebel schälen und hacken. Möhren, Steckrüben, Kartoffeln und Pastinaken schälen und würfeln.

2. Olivenöl in einer Schmorpfanne erhitzen. Speck dazu geben und knusprig braten. Zwiebel mit anbraten, bis die Stückchen glasig werden.

3. Gemüse und Lorbeerblätter hinzu geben; bei niedriger Hitze mit geschlossenem Deckel 10 Minuten kochen und gelegentlich umrühren.

4. Brühe hinzufügen und 15 Minuten köcheln lassen.

5. Mit Gewürzen abschmecken, in Schalen füllen, mit Käse bestreuen und servieren.

TIPPS

* Vegetarier können anstelle des Specks Knoblauch und anstatt von Hühnerbrühe Gemüsebrühe verwenden.

* Für dieses Gericht können alle Reste von Wurzelgemüse verwendet werden. Sellerie passt sehr gut als Ersatz für Pastinaken.

SALATE

Bohnensalat mit eingelegten Zwiebeln

PORTIONEN: 4 • ZUBEREITUNGSZEIT: 15 MINUTEN • GARZEIT: 0 MINUTEN • ❤ ✓ WF MF GF V

Einfach, erfrischend und gesund: Das Einmachen der Zwiebeln auf diese Art macht sie süßer und nimmt den strengen Zwiebelgeschmack weg.

1 Zehe **Knoblauch**
1 **Zitrone**
1 große Handvoll gehackte **frische glatte Petersilie**
1 große **rote Zwiebel**
2 mittelgroße **Strauchtomaten**
2 EL **Natives Olivenöl Extra**
2 x 400 g **Cannellini-Bohnen** aus der Dose
Meersalz und **frisch gemahlener schwarzer Pfeffer**

1. Den Knoblauch schälen. Knoblauch und Zitronenschale fein reiben und in einer kleinen Schüssel mit der gehackten Petersilie vermischen.

2. Die rote Zwiebel schälen und in möglichst feine Scheiben schneiden. Die Zwiebelscheiben in einer Schüssel mit mehreren Prisen Meersalz und dem Zitronensaft vermischen. 5 Minuten stehen lassen.

3. Die Tomaten grob hacken. Mit Salz würzen und zusammen mit dem Olivenöl und den abgetropften Bohnen zu den Zwiebeln geben. Alles gut vermengen, damit die Aromen sich vermischen. Würzen.

4. Den Salat 5–10 Minuten ziehen lassen, bis sich unten eine ansehnliche Pfütze Tomatensaft gebildet hat – der magische Saft.

5. Wenn der Salat fertig ist, den Petersilie-Zitronen-Knoblauch-Mix dazugeben, gut verrühren und servieren.

TIPPS

* Gut als einfaches Mittagessen mit getoastetem Sauerteigbrot.

* Geröstete Samen oder Mandeln hinzufügen.

* Statt Petersilie passen auch andere frische grüne Kräuter dazu.

* Drei Dinge machen aus diesem Gericht etwas Besonderes: die schnell eingemachten Zwiebeln, der magische Tomatensaft und der Petersilie-Zitronen-Knoblauch-Mix. Sie können alle möglichen Kombinationen von verschiedenen Bohnen- und Gemüsesorten ausprobieren (rohe, geriebene Zucchini oder Möhren sind eine tolle Ergänzung).

Lauras Juwelensalat

PORTIONEN: 4 · ZUBEREITUNGSZEIT: 5 MINUTEN · GARZEIT: 5 MINUTEN · ♥ WF V

200 g **Gerstencouscous**
200 g **Fetakäse**
1 **Salatgurke**
1 Bund **frischer grüner Kräuter-Mix**,
   z. B. **Minze** und **Koriander**
100 g **Pinienkerne**
1 großer **Granatapfel**, Kerne
2 **Knoblauchzehen**
2 EL natives **Olivenöl** extra
Saft von 1½ **Zitronen**
Meersalz und **frisch gemahlener schwarzer Pfeffer**

1. Getreide nach Verpackungsanleitung kochen. In einer großen Schüssel abkühlen lassen.

2. Feta zerbröseln und Salatgurke in Würfel schneiden. Beides ebenfalls in die Schüssel geben. Anschließend Kräuter zerpflücken und hinzufügen.

3. Pinienkerne in einer Pfanne bei niedriger Hitze leicht rösten und zusammen mit den Granatapfelkernen über den Salat streuen.

4. Knoblauch schälen und fein hacken. Knoblauch, Olivenöl und Zitronensaft vermischen und über den Salat geben. Mit Salz und Pfeffer würzen und servieren.

Geburtstags-Erbsensalat

PORTIONEN: 4 • ZUBEREITUNGSZEIT: 5 MINUTEN • GARZEIT: 10 MINUTEN • ❤ ✓ WF MF GF V

1 **rote Paprika**
2,5 cm großes Stück **frischer Ingwer**
2 **Knoblauchzehen**
6 **Frühlingszwiebeln**
2 EL **natives Olivenöl extra**
1 TL **schwarze Senfkörner**
1 EL **Rotweinessig**
250 g **tiefgefrorene Erbsen**
1 kleine Handvoll **frischer Koriander**
Meersalz und **schwarzer Pfeffer**

1. Die Paprika halbieren, entkernen, in Stücke schneiden. Ingwer und Knoblauch schälen und reiben. Frühlingszwiebeln vom Grün befreien, längs in lange dünne Streifen schneiden.

2. Das Olivenöl in einem Topf bei mittlerer Hitze erhitzen, die Senfkörner rösten, bis sie aufplatzen. Knoblauch und Ingwer hineinrühren.

3. Die Paprikastücke hinzufügen und gut verrühren, bis sie etwas dunkler werden. Die Frühlingszwiebeln und den Essig hinzugeben; dabei kann es ein wenig zischen.

4. Die Erbsen mit einem kleinen Spritzer Wasser hinzugeben und zum Auftauen und Anwärmen im Topf lassen, dabei gelegentlich umrühren. Sie sollen nicht gekocht werden, sondern lediglich Raumtemperatur annehmen.

5. Vom Herd nehmen. Würzen und den gehackten Koriander hinzugeben.

Wir machten den Salat für etwa 150 Gäste und mischten ihn mit dem Dressing, indem wir das Ganze in (saubere) schwarze Müllsäcke füllten und hin- und herschwenkten – ein wirklich nützlicher Trick!

HENRY

Möhren & Rote Bete

MIT GERÖSTETEN MANDELN

PORTIONEN: 4 • ZUBEREITUNGSZEIT: 5 MINUTEN • GARZEIT: 45 MINUTEN • ❤ ✓ WF MF GF V

Sieht klasse aus und lässt sich im Handumdrehen zubereiten.

750 g **Rote Bete** Knollen
750 g **Möhren**
4 EL **natives Olivenöl extra**
1 ½ TL flüssiger **Honig**
1 EL **Balsamessig**

80 g **Mandelblätter**
3 EL **rischer Kerbel** oder
frische Petersilie –
optional **Meersalz** oder
schwarzer Pfeffer

1. Backofen auf 200°C vorheizen.

2. Rote Bete schälen und in mehrere Stücke zerteilen. Möhren schälen und in Stifte schneiden.

3. Rote Bete und Möhren in separate Auflaufformen geben, mit Olivenöl beträufeln und gut mit Salz und Pfeffer würzen. Zu den Möhren den Honig und zur Roten Bete den Balsamessig geben; beide Mischungen gut umrühren.

4. Beide Formen 45 Minuten im Backofen lassen, bis die Möhren goldbraun und die Roten Bete weich werden.

5. In der Zwischenzeit Mandelblätter in einer Pfanne bei mittlerer Hitze trocken rösten – Achtung, sie brennen leicht an. Petersilie hacken.

6. Fertig gegartes Gemüse auf einen Teller geben, Kräuter und Mandeln darüber streuen.

Warmer Kartoffelsalat

MIT SARDELLEN & KNOBLAUCH

PORTIONEN: 4 • ZUBEREITUNGSZEIT: 5 MINUTEN • GARZEIT: 45 MINUTEN • ❤ ✓ WF MF GF V

Warme Kartoffeln nehmen ein Dressing dankbar an: Sie werden dadurch weicher und absorbieren die Aromen. Dieses Gericht macht wirklich Lust auf mehr.

800 g **Frühkartoffeln**
3 **Knoblauchzehen**
2 EL **Weißweinessig**
1 x 50 g **Sardellenfilets** aus der Dose
100 ml **natives Olivenöl extra**
1 EL **frischer Schnittlauch**, gehackt
Meersalz und **frisch gemahlener schwarzer Pfeffer**

1. Die Kartoffeln halbieren und in einem großen Topf mit Salzwasser zugedeckt kochen, bis sie weich sind.

2. Knoblauch, Essig und Sardellen in einen Mixer geben und pürieren. Während des Püriervorgangs das Olivenöl hineinträufeln. Würzen.

3. Die Kartoffeln abtropfen lassen, das Dressing darübergießen und gut vermischen.

4. 3 Minuten abkühlen lassen, dann nochmals durchmischen. Den gehackten Schnittlauch darüber streuen und servieren.

TIPPS

* Es ist sinnvoll, die Kartoffeln nach dem Kochen mit einer Gabel zu halbieren, damit sie das Sardellen-Dressing besser aufnehmen können.

* Anstelle von Schnittlauch können Sie auch Petersilie nehmen.

* Falls keine Frühkartoffeln erhältlich sind, können Sie auch andere festkochende Kartoffeln verwenden. Größere Kartoffeln schälen und in Stücke schneiden.

* Die perfekte Salatbeilage für Grillgerichte. Morgens zubereiten und später bei Raumtemperatur servieren.

„3 Sisters Superfood Salad"

PORTIONEN: 4 • VORBEREITUNGSZEIT: 15–20 MINUTEN • GARZEIT: 35 MINUTEN • ❤ ✓ MF V

Diese drei Schwestern – Mais, Bohnen und Kürbis – sowie ihre Freunde sind wirklich ein Hammer: ein leuchtender, köstlicher, farbenfroher Salat, der großartige, kräftige Aromen aus der alten und der neuen Welt gekonnt vermischt und zur Schau stellt.

300 g **Kürbis**,
    Gewicht ohne Schale
    (mit Schale ca. 350 g),
    in 3–4 cm große
    Würfel geschnitten
4–6 kleine **violette Kartoffeln**
ein wenig **Olivenöl**
2 **Maiskolben**
4 große Handvoll
    gemischte Salatblätter
200 g **Bohnensprossen** und
    Sprossengemüse

4 **Frühlingszwiebeln**, geputzt und
    schräg in Ringe geschnitten
1 **Avocado**, in 2–3 cm große
    Stücke geschnitten
100 g **Granatapfelkerne**
1 Handvoll **Kürbiskerne**
1 großzügige Prise **Gomasio**

Für das Dressing:
2 EL **Zitronensaft**
½ EL **Tamari**
1 EL **Reisweinessig**
3 EL **mildes Olivenöl**

1. Zwei große Töpfe mit leicht gesalzenem Wasser zum Kochen bringen. Die Kürbisstücke in einen Topf geben und simmern lassen, bis sie weich sind – das dauert 8–10 Minuten. Mit einem Messer testen, ob sie durch sind. Der Kürbis soll zart sein, aber nicht auseinanderfallen. Das Wasser abgießen, den Kürbis kurz mit kaltem Wasser abspülen, um den Garprozess zu stoppen, zur Seite stellen und abkühlen lassen.

2. Die violetten Kartoffeln im Ganzen in den zweiten Topf geben und, je nach Größe, 15–20 Minuten kochen, bis sie gar sind. Das Wasser abgießen und die Kartoffeln beiseite stellen.

3. Inzwischen eine Grillpfanne erhitzen. Die Maiskolben leicht einölen und in die heiße Pfanne legen. Etwa 10 Minuten unter häufigem Wenden grillen, bis sie gar sind und hübsche Grillspuren an den Seiten aufweisen. Vom Herd nehmen und abkühlen lassen.

4. Alle Zutaten für das Dressing gut vermengen. Abschmecken und eventuell nachwürzen – das Ziel ist eine Mischung aus salzig und säuerlich.

5. Mit einem scharfen Messer die Maiskörner vorsichtig von den Maiskolben abschaben.

6. Die Salatblätter gleichmäßig auf 4 Schüsseln verteilen und die Bohnensprossen und das Sprossengemüse dazugeben.

7. Die Kartoffeln in Scheiben schneiden und zusammen mit dem Kürbis, den Frühlingszwiebeln, der Avocado und den Maiskörnern unter die Salatblätter mischen. Die Granatapfelkerne drüberstreuen.

8. Mit Dressing begießen, die Kürbiskerne und das Gomasio-Gewürz über die Salate streuen und servieren.

TIPP

* Der Salat macht sich alleine sehr gut, Sie können aber auch gegrilltes Huhn oder gegrillten Fisch daruntermischen. In diesem Fall ergibt das Rezept 6 Portionen.

Gills Spinatsalat mit Chorizo & Halloumi

PORTIONEN: 4 · VORBEREITUNGSZEIT: 15 MINUTEN · GARZEIT: 20 MINUTEN · ✓

Das Rezept stammt eigentlich von Gills Freundin Jane, aber es ist über Gill zu uns gelangt, also trägt es ihren Namen. Es ist ein Salat, in dem man all jene Dinge aufbrauchen kann, die sich im Sommer irgendwo im Kühlschrank finden.

4 große Handvoll **Babyspinatblätter**, gewaschen
250 g **Halloumi**, in 4 Stücke geschnitten
2 große **Knoblauchzehen**, zerdrückt
4 EL **natives Olivenöl extra**
24 Stangen **frischer Spargel**, geputzt
150 g **Chorizo**, in dünne Scheiben geschnitten
4 EL **Balsamico-Sirup**
Salz und **frisch gemahlener schwarzer Pfeffer**

1. Die Spinatblätter auf 4 große Teller verteilen.

2. Den Halloumi-Käse flach in eine Schüssel legen. Den zerdrückten Knoblauch mit dem Olivenöl mischen, über die Käsestücke gießen und diese ein paar Minuten darin ziehen lassen.

3. Eine Grillpfanne bei mittlerer bis hoher Temperatur richtig gut erhitzen. Den Spargel in einer Schüssel mit ein wenig Olivenöl schwenken, bis er vollständig bedeckt ist. Mit einer Prise Salz würzen und anschließend grillen, bis die Stangen schön angekohlt sind. Besonders dicke Stangen können vor dem Grillen längs halbiert werden. Den Spargel auf die Teller verteilen.

4. Anschließend den Halloumi mitsamt der Marinade anbraten, bis der Käse eine goldbraune Farbe annimmt. Den Käse ebenfalls auf die Teller verteilen und auf dem Spargel platzieren.

5. Die Chorizo in einer sauberen Pfanne anbraten. Dabei wird sie würzige Säfte abgeben – das ist richtig so! Wenn die Wurst außen knusprig ist, mitsamt dem Pfannensud über die Salate geben.

6. Je nach Lust und Laune ein bisschen mehr Olivenöl darüberträufeln und den Salaten mit ein wenig Salz, viel Pfeffer und etwas Balsamico-Sirup pro Teller den letzten Schliff verleihen.

Makrelensalat

PORTIONEN: 4 ALS HAUPTGERICHT ODER 6 ALS VORSPEISE • VORBEREITUNGSZEIT: 15 MINUTEN
GARZEIT: KEINE • ❤ ✓ WF GF MF

Dieses Rezept ist voll mit Omega-3-Fettsäuren und Vitamin C, hat einen herrlich süß-sauren Geschmack und es ist einfach zuzubereiten.

1 **große Karotte**, in lange Streifen geschnitten
1 kleine **rote Paprika**, entkernt und in Streifen geschnitten
¼ von einem kleinen **Weißkohl**, gehackt
1 kleine rohe **Rote Bete**, geschält und gerieben
½ **Gurke**, geschält und fein gewürfelt

200 g **geräucherte Makrele**, enthäutet und in Stücke zerteilt
1 EL geröstete **Leinsamen**

Für das Dressing:
3 EL **Olivenöl**
Saft von ½ großen **Orange**
3 TL **Rotweinessig**
1 großzügige Prise **Meersalz**
frisch gemahlener schwarzer Pfeffer

1. Das Gemüse in einer großen Schüssel vermengen. Die Zutaten für das Dressing in einen verschließbaren Behälter geben, gut schütteln und unter das Gemüse rühren.

2. Die Räuchermakrele unterrühren oder darüber verteilen – was auch immer Sie bevorzugen. Mit den gerösteten Leinsamen bestreuen.

TIPPS

* Statt Makrele können Sie auch geräucherte Forelle oder Lachs verwenden. Geräuchertes Huhn passt auch dazu.

* Manchmal lässt Kay den Fisch ganz weg und verwendet den Salat als Basis für Enten- oder Truthahnreste.

* Seien Sie kreativ beim letzten Schliff – wir lieben das Knacken und den Geschmack der gerösteten Leinsamen, aber auch Kürbis- oder Sonnenblumenkerne oder sogar Walnussstückchen lassen sich hier toll kombinieren.

Ein paar Worte zur Makrele

Bunt schillernd, glänzend, pfeilschnell und einer der absoluten Stars unter den Fischen, wenn es um unsere Gesundheit geht. Die Makrele steckt voll Omega-3-Fettsäuren, Vitamin B12 und Selen. Als dieses Buch geschrieben wurde, war sie einer der nachhaltigsten Meeresfische. (Hoffentlich bleibt das auch so.) Und sie schmeckt ausgezeichnet. Geräuchert, gegrillt, gedämpft oder gebraten – und sogar roh – überzeugt die Makrele mit ihrem ausgeprägten Geschmack. Deshalb war es keine Frage, ein paar einfache Vorschläge für Mittagssalate auf Makrelenbasis in dieses Buch aufzunehmen.

Vier einfache Dressings

Balsamico-Dressing

ERGIBT 75 ML · ZUBEREITUNGSZEIT: 3 MINUTEN · GARZEIT: 0 MINUTEN · ❤ ✓ WF MF GF V

Optimal für einfache Blattsalate mit vielen gehackten Kräutern.

2 EL **Balsamessig** (möglichst gereift und von sirupartiger Konsistenz)
6 EL **natives Olivenöl extra**
   (Qualität macht wirklich einen Unterschied)
Meersalz und **frisch gemahlener schwarzer Pfeffer**

1. Die Zutaten direkt auf den Salat geben.

2. Großzügig pfeffern und salzen.

3. Kräftig durchmischen.

Leon Hausdressing

ERGIBT 450 ML · ZUBEREITUNGSZEIT: 3 MINUTEN · GARZEIT: 0 MINUTEN · ❤ ✓ WF MF GF V

Verleiht dem guten alten Kopfsalat eine aufregend neue Note.
Hält sich gut im Kühlschrank.

2 EL **Dijon-Senf**
80 ml **Weißweinessig**
350 ml **Rapsöl**
Meersalz und **frisch gemahlener schwarzer Pfeffer**

1. Senf und Essig im Mixer vermengen.

2. Während des Mixens langsam das Rapsöl hinzufügen, bis ein vollständig emulgiertes Dressing entstanden ist.

3. Sorgfältig würzen.

Tapenade Dressing

ERGIBT 100 ML · ZUBEREITUNGSZEIT: 3 MINUTEN · GARZEIT: 0 MINUTEN
❤ ✓ WF MF GF (V FALLS SIE TAPENADE OHNE ANCHOVIS VERWENDEN)

Das perfekte Dressing für geschmacksintensive Salatblätter oder gekochtes Gemüse.

2 EL **Tapenade**
1 EL **Sherryessig**
5 EL **natives Olivenöl extra**
Meersalz und **frisch gemahlener schwarzer Pfeffer**

1. Alle Zutaten in ein Marmeladenglas geben.

2. Gut schütteln und Gewürze abschmecken.

Orientalisches Dressing

ERGIBT 75 ML · ZUBEREITUNGSZEIT: 3 MINUTEN · GARZEIT: 0 MINUTEN · ❤ ✓ WF MF GF V

Ideal auf fein geschnittenem oder geriebenem Gemüse – zum Beispiel geriebenen Möhren und Zucchini oder fein geschnittenem Chinakohl.

1 große **Knoblauchzehe**
1cm großes Stück **frischer Ingwer**
1 **Frühlingszwiebel**
½ frischer **roter Chili**
1 EL **Fischsauce**
Saft einer ½ **Limette**
3 EL **Erdnussöl** oder anderes **geschmacksneutrales Öl**
1 EL **geröstetes Sesamöl**

TIPP

* Geben Sie ein wenig Honig hinzu, wenn Sie das Dressing süßer mögen.

1. Knoblauch und Ingwer so fein wie möglich reiben und in ein kleines sauberes Glas mit Deckel geben.

2. Die Frühlingszwiebel fein schneiden, dann den Chili entkernen und fein hacken. Beides ebenfalls in das Glas geben.

3. Fischsauce, Limettensaft und die beiden Öle hinzugeben. Fest zuschrauben und gut schütteln.

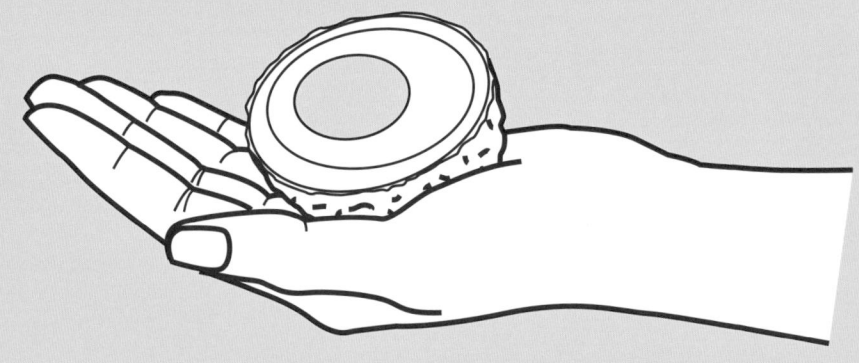

SNACKS

Bennys Schottische Eier

PORTIONEN: 6 • VORBEREITUNGSZEIT: 30 MINUTEN + KÜHLZEIT
GARZEIT: 20 MINUTEN • ❤ ✓ WF GF

Benny Peverelli war acht Jahre lang ein wichtiger Bestandteil des Leon-Teams. Wir lieben ihn. Und wir lieben seine Schottischen Eier.

7 **mittelgroße Eier**, zimmerwarm
4–5 **Reiswaffeln**
Rapsöl zum Frittieren (ca. 1l)
125 g **Reismehl**

2 EL **Milch**
6 **weizenfreie, glutenfreie Schweinewürstchen**

1. Einen mittelgroßen Topf Wasser zum Kochen bringen. 6 zimmerwarme Eier vorsichtig ins kochende Wasser gleiten lassen und für weiche Dotter etwa 6 Minuten, für harte etwa 9 Minuten kochen.

2. Gekochte Eier 10 Minuten unter kaltem Wasser kühlen.

3. Die Eier vorsichtig von allen Seiten anklopfen und behutsam schälen, da sie noch recht weich sein werden. (Während des Schälens die Finger regelmäßig ins Wasser tauchen, damit sie nicht klebrig werden und so vielleicht das Ei aufreißen.)

4. Für die Kruste die Reiswaffeln in kleine Stückchen brechen und etwa 1 Minute im Blitzhacker weiter zerkleinern.

5. Das Rapsöl in einer Fritteuse auf 180 °C erhitzen. (Sie können das auch – auf eigene Gefahr – bei mittlerer Temperatur in einem Stieltopf mit schwerem Boden machen, aber gehen Sie dabei SEHR, SEHR vorsichtig vor.)

6. Während das Öl heiß wird, den Krümelarbeitsplatz vorbereiten: Das Mehl, die zerkrümelten Reiswaffeln und das letzte (mit der Milch verschlagene) Ei in jeweils einen von drei großen Tellern geben.

7. Zwei große Quadrate aus Frischhaltefolie schneiden. Eines davon auf die Arbeitsfläche legen, das andere für später aufbewahren.

8. Eines der Würstchen mit einem scharfen Messer der Länge nach aufschneiden. Das Wurstbrät aus der Pelle drücken und mit der Hand zu einer Kugel zusammenpressen. Mit den anderen Würsten

genauso verfahren. Anschließend die Wurstbällchen auf die Frischhaltefolie legen. Das zweite Stück Folie darauflegen und die Bällchen zwischen den Folien zusammendrücken, bis 6 ovale, etwa ½ cm dicke Wurstfladen entstehen.

9. Die gekochten und geschälten Eier mit ein wenig Küchenrolle abtupfen und das erste davon komplett mit Mehl bedecken (so kann die Wurst daran haften). Einen Wurstfladen von der Folie abziehen, vorsichtig um das Ei legen und die Ränder zusammendrücken. Zur Seite legen und mit den restlichen Eiern genauso vorgehen.

10. Eine kleine Schüssel mit Wasser vorbereiten und die Hände befeuchten. Die mit Wurstbrät umhüllten Eier mit feuchten Händen in Eiform bringen.

11. Die Eier nacheinander behutsam im Mehl wenden. Anschließend vollständig mit der Ei-Milch-Mischung bedecken. In den Reiswaffelflocken wälzen und diese leicht andrücken, damit sie gut haften.

12. Ein Stückchen Brot ins Öl fallen lassen – wenn es leicht blubbert und brutzelt, hat das Öl die richtige Temperatur. 1 Ei mithilfe eines Schaumlöffels vorsichtig in das heiße Öl heben und immer wieder Öl darübergießen, wenn das Ei nicht vollständig damit bedeckt sein sollte. Bis zu 3 Eier gleichzeitig für 10 Minuten (oder 5 Minuten pro Seite, wenn das Ei nicht vollständig im Öl liegt) frittieren.

13. Die Eier nach dem Frittieren auf Küchenpapier abtropfen lassen.

14. 10 Minuten abkühlen lassen und dann mit brauner Sauce dazu verputzen.

Anas Käse-Empanadas

ERGIBT 20 KLEINE EMPANADAS • VORBEREITUNGSZEIT: 30 MINUTEN + 30 MINUTEN RUHEZEIT
GARZEIT: 10–15 • V 🖐

Unsere Putzfrau aus Ecuador spricht zwar nicht viel Englisch, macht sich aber durch Lachen, Freundlichkeit und außergewöhnlich gute Empanadas verständlich.

400 g **Weizenmehl**
2 TL **Backpulver**
1 TL **Salz**
115 g **Butter**
50 ml **Orangensaft**
80 ml **Mineralwasser**
250 g **Mozzarella**, gerieben
1 mittelgroße **Zwiebel**,
   gerieben oder fein gehackt
1½–2 EL **Feinstzucker**, plus zusätzlich
   Feinstzucker zum Bestreuen
   (nach Belieben)
1 **Bio-Ei**, leicht verquirlt
Pflanzenöl zum Braten
   (nach Belieben)

1. Vermengen Sie Mehl, Backpulver und Salz in der Küchenmaschine.

2. Fügen Sie Butter, Orangensaft und Mineralwasser zu und vermischen Sie alles, bis ein Teig entsteht.

3. Formen Sie aus dem Teig eine Kugel und wickeln Sie ihn in Frischhaltefolie ein. Lassen Sie ihn 30 Minuten im Kühlschrank ruhen.

4. Mischen Sie Mozzarella, Zwiebel und Zucker in einer Schüssel.

5. Heizen Sie den Backofen auf 200 °C/Gas Stufe 6 vor. Legen Sie ein Backblech mit Backpapier aus oder fetten Sie es gut ein.

6. Bestreuen Sie eine Arbeitsfläche mit Mehl. Halbieren Sie die Teigkugel (kleinere Mengen lassen sich leichter ausrollen). Rollen Sie den Teig millimeterdick aus.

7. Schneiden Sie mit einer runden Ausstechform (9–10 cm Ø) Kreise aus dem Teig. Geben Sie 1 Teelöffel der Käsefüllung in die Mitte jedes Kreises, klappen Sie eine Hälfte des Teigkreises darüber. Versiegeln Sie die Ränder, indem Sie sie mit einer Gabel aneinanderdrücken. Achten Sie darauf, dass die Taschen gut versiegelt sind, sonst läuft die Füllung beim Backen aus.

8. Bestreichen Sie die Empanadas mit Ei und bestreuen Sie sie nach Belieben mit etwas Zucker. Legen Sie sie auf das Blech und backen Sie sie 10–15 Minuten im Ofen, bis sie goldgelb sind. Lassen Sie sie auf einem Kuchengitter auskühlen.

9. Sie können sie auch frittieren. Füllen Sie dazu eine Pfanne 3–4 cm hoch mit Pflanzenöl. Frittieren Sie die Empanadas im heißen Öl, bis sie goldgelb sind, und bestreuen Sie sie vor dem Servieren mit Zucker.

Vielseitige Kartoffeln

PORTIONEN: 4 • VORBEREITUNGSZEIT: 5 MINUTEN
GARZEIT: 1 STUNDE • ❤ ✓ WF GF DF V

Manchmal gibt es nichts Besseres als eine heiße Ofenkartoffel, außen knusprig und innen dampfend heiß und weich, die um ein wenig Butter zu betteln scheint. Aber was kann man sonst noch mit ihnen anstellen? Wir präsentieren hier ein paar Vorschläge von unseren Familienmitgliedern und Freunden für die besten Kartoffeln überhaupt.

1. Entscheiden Sie sich für die richtige Kartoffel! Kaufen Sie eine Sorte, die gut zum Backen geeignet ist – mehlige funktionieren am besten.

2. Den Ofen auf 220°C vorheizen.

3. Die Kartoffeln unter kaltem Wasser abwaschen. Leicht schütteln, damit das Wasser abtropft, aber nicht vollständig abtrocknen.

4. Die Kartoffeln in etwas Meersalz wälzen.

5. Anschließend direkt auf das Backblech legen und etwa 1 Stunde backen – je nachdem, wie groß die Kartoffeln sind. Mit einem Spieß hineinstechen, um zu sehen, ob sie noch hart oder schon gar sind.

6. Die Kartoffeln aus dem Ofen holen und ihre knusprige Schale und das flaumige Innere von allen bewundern lassen.

Ein paar Kartoffel-Ideen, von links nach rechts:

Georgias Kartoffeln mit Ei

Das Innere einer gebackenen Kartoffel aushöhlen, zerdrücken und mit etwas verquirltem Ei vermischen, mit Salz und Pfeffer würzen. Ein paar knusprig gebratene Speckstückchen und eventuell ein bisschen Käse oder gekochte Gemüsestückchen dazugeben. Alles zurück in die Kartoffelschale löffeln, ein kleines Stück Butter darauf setzen und für weitere 15 Minuten in den Ofen stellen, bis die Füllung knusprig ist.

Käse, Spinat & Pilze

Ein paar in Scheiben geschnittene Pilze in ein wenig Olivenöl und Butter mit ein bisschen Knoblauch und Petersilie anbraten und anschließend zur Seite stellen. Dann eine oder zwei Handvoll Spinat in derselben Pfanne sautieren. Mit Salz und Pfeffer würzen. Den Spinat und die Pilze auf die Bratkartoffeln löffeln und ein paar Würfelchen Gruyère drüberstreuen.

Eleanors Belohnungskartoffel

Eleanor ist Johns Tochter. In ihrem ersten Schuljahr durfte sie an einem Tag mit Mr. und Mrs. Heinrich den Vorsitz am Tisch übernehmen und bekam Bratkartoffeln mit ihrem Lieblingsbelag: reichlich Butter und extra viel geriebener Cheddar, Salz und Pfeffer. Das nennen wir eine Belohnung!

Rote Bete, Crème fraîche & Schnittlauch

Etwas gekochte (aber keine eingelegte) Rote Bete würfeln. Einen Klecks Crème fraîche auf die eingebutterte Kartoffel löffeln. Die Rote Bete darauf verteilen und mit frisch geschnittenen Schnittlauchröllchen, Salz und Pfeffer garnieren.

Kräuterbutter

Sehr retro, aber sehr gut. Bereiten Sie die Kräuterbutter Ihrer Wahl zu. Wir mischen dazu die zimmerwarme Butter mit frisch gehackter Petersilie, Knoblauch, frischem Thymian, Salz und Pfeffer. Wenn Sie genug Zeit haben, können Sie die Butter mithilfe von Frischhaltefolie zu einer Art Wurst rollen und in den Kühlschrank legen. Davon können Sie später ein paar Scheiben abschneiden und diese stilvoll in eine dampfende, aufgeschnittene Kartoffel legen.

Die Reste-Kartoffel

Bratkartoffeln lieben Reste wie Enten das Wasser lieben (Entenreste würden hier übrigens fantastisch dazupassen). Also, ran an die Reste!

RESTE-KARTOFFEL

Arthurs Lieblings-Wraps

MIT ENTE & BLATTSALAT

PORTIONEN: 4 KINDER • ZUBEREITUNGSZEIT: 5 MINUTEN • GARZEIT: 25 MINUTEN • ❤ ✓ WF MF GF

Ein gesundes Gute-Laune-Gericht, bei dem die Kinder mithelfen können.

1 **Salatgurke**
2 kleine **Kopfsalate**
1 **Entenbrust**
Olivenöl
1 Glas **Pflaumensauce**
Meersalz und **schwarzer Pfeffer**

1. Den Backofen auf 190°C vorheizen. Gurke in Stifte schneiden und in eine Schüssel geben. Salatblätter zerpflücken und in eine separate Schüssel geben.

2. Die Entenbrust würzen, einen Spritzer Olivenöl hinzugeben und etwa 25 Minuten braten, bis die Haut knusprig ist. Das Fleisch mit 2 Gabeln in kleine Stückchen zerlegen.

3. Die Kinder können daraus „Wraps" machen. Einfach die Entenfleisch- und Gurkenstückchen in die Salatblätter einwickeln, die Pflaumensauce separat dazu servieren.

Fischstäbchen-Wrap

PORTIONEN: 2 • VORBEREITUNGSZEIT: 10 MINUTEN • GARZEIT: 20 MINUTEN • ❤ ✓

Das Lieblingsessen aller Kinder … in einem Wrap.

4 **Fischstäbchen**
2 hochwertige **Wraps**
2 EL gute **Sauce tartare**
4–6 **Essiggurken**,
  in Scheiben geschnitten

ein paar Blätter **Romanasalat**,
  in Streifen geschnitten
1 Prise **frischer Dill**, gehackt
1 Spritzer **Zitronensaft**
Salz und **frisch gemahlener
  schwarzer Pfeffer**

1. Die Fischstäbchen nach Packungsanleitung zubereiten. Die Wraps gemäß Packungsanleitung erwärmen.

2. Ein wenig Sauce tartare auf die gewärmten Wraps streichen und mit ein paar Gurkenscheiben belegen. Etwas Salat darauf verteilen und die knusprigen Fischstäbchen darauflegen. Mit etwas Dill bestreuen, würzen und mit einem Spritzer Zitronensaft aufpeppen. Einrollen und essen.

Leons Halloumi-Wrap

PORTIONEN: 2 • VORBEREITUNGSZEIT: 10 MINUTEN • GARZEIT: 6 MINUTEN • ✓ V

Das ist das Rezept unseres beliebten Wraps, der eine Zeit lang auf unserer Karte zu finden war. Sollen wir ihn wieder auf die Karte setzen?

2 EL gutes **Mango-Chutney**
2 **glutenfreie Wraps** oder
  andere **Teigfladen**
200 g **Halloumi**, geschnitten
  und in **Olivenöl**, **Knoblauch**
  und **Thymian** mariniert

2 **Karotten**,
  geschält und gerieben
2 EL **frische glatte Petersilie**,
  gehackt
Salz und **frisch gemahlener
  schwarzer Pfeffer**

1. Das Mango-Chutney dünn auf den Teigfladen verstreichen.

2. Den Halloumi abtropfen lassen und jede Seite etwa 3 Minuten goldbraun anbraten.

3. Je eine Hälfte des Halloumi-Käses auf einen Teigfladen setzen und Karotte, Petersilie und frisch gemahlenen Pfeffer drüberstreuen. Bei Bedarf etwas salzen. Einrollen und essen.

Vielseitige Toasts

Toast ist wunderbar. Manchmal reicht es, ihn einfach ein bisschen aufzupeppen. Hierzu ein paar Vorschläge vom Leon-Team:

Krebsfleisch, Zitrone & Dill

Verteilen Sie eine dicke Schicht Krebsfleisch auf Ihrem Toast und geben Sie ein paar Spritzer Zitronensaft darüber. Mit frisch gemahlenem schwarzen Pfeffer und klein gehacktem frischen Dill darauf servieren.

Marmite, Avocado, Tomate, Basilikum & Gomasio

Kays Lieblingsrezept: Eine Schicht Butter, eine Schicht Marmite-Brotaufstrich, darauf Avocadoscheiben und halbierte Kirschtomaten. Ein paar frische Basilikumblätter drüberstreuen und den Toast noch mit reichlich frisch gemahlenem Pfeffer und ein bisschen Gomasio verfeinern.

Würstchen auf Feigenmarmelade

Ein paar Würstchen braten, bis sie durch sind. Eine dicke Schicht Feigenmarmelade auf den Toast streichen. Die Würstchen längs halbieren und auf den Toast legen.

Pochierte Eier & sautierte Pilze

Pilze in Scheiben schneiden und mit ein bisschen Knoblauch in ein wenig Olivenöl sautieren. Ein paar frische Thymianblättchen oder gehackte frische Petersilie drüberstreuen. Zur Seite stellen und warm halten. Inzwischen 1 Ei pochieren, dann die Pilze auf dem Toast verteilen und das pochierte Ei darauf betten.

Ziegenkäse, Honig, Thymian & Walnüsse

1 Rolle Ziegenkäse (die mit Rinde) in Scheiben schneiden. 2 oder 3 davon auf je eine Toastscheibe legen, sodass sie einander überlappen. Für etwa 1 Minute unter den heißen Grill stellen, damit der Käse leicht zu schmelzen beginnt. Mit Honig beträufeln und mit gehackten Walnüssen und frischem Thymian bestreuen.

Zimtbutter mit Apfelscheiben

Ein bisschen zerlassene Butter mit einer großzügigen Prise Zimt und einem Schuss Agavendicksaft vermischen und auf den Toast streichen. Rohe Apfelscheiben darauf verteilen. Zum Schluss noch einmal mit ein bisschen Zimt bestäuben.

Dips

Hummus

PORTIONEN: 4–6 • VORBEREITUNGSZEIT: 10 MINUTEN • GARZEIT: KEINE • ❤ ✓ WF GF V

Alle lieben Hummus. Aber haben Sie schon mal durchgelesen, was drinnen steckt? Probieren Sie diese selbst gemachte Version und verzichten Sie auf Zusatzstoffe.

400 g **Kichererbsen**, abgetropft
1–2 **Knoblauchzehen**, geschält
2 EL **Tahina** (Sesampaste)
2 EL **Olivenöl**
6 EL **Wasser**

Saft von ½ **Zitrone**
1 großzügige Prise **Salz**
natives Olivenöl extra
1 Prise **gemahlene Sumak**
gemahlener Kreuzkümmel

1. Alle Zutaten außer dem Olivenöl und Sumak/Kreuzkümmel im Standmixer pürieren. Kosten und eventuell nachwürzen.

2. In einer Schüssel mit ein paar Spritzern Olivenöl servieren. Je nach Geschmack mit ein wenig Sumak und/oder Kreuzkümmel bestreuen.

Linsen-Masala-Dip

PORTIONEN: 4–6 • VORBEREITUNGSZEIT: 5 MINUTEN + KÜHLZEIT
GARZEIT: 10–20 MINUTEN • ❤ ✓ WF GF V

Duftet herrlich nach Curry und schmeckt noch besser.

140 g **rote Linsen**
1 TL **Madras-Curry-Pulver**
1 Prise **gemahlener Ingwer**

1 kleine Handvoll **frischer
Koriander**, gehackt
Salz und **schwarzer Pfeffer**

1. Die Linsen unter fließendem Wasser gut abspülen – auch das kleinste Sandkörnchen soll verschwinden. Die Linsen in einen Stieltopf geben und mit frischem kalten Wasser bedecken.

2. Zum Kochen bringen und etwa 15 Minuten köcheln lassen bzw. den Angaben auf der Packung folgen. Abtropfen lassen und zum Abkühlen zur Seite stellen.

3. Sobald die Linsen abgekühlt sind, diese mit Currypulver, gemahlenem Ingwer, Salz und Pfeffer mit dem Stabmixer pürieren. Kosten und eventuell nachwürzen. Den gehackten Koriander unterrühren.

Scharfer Käse-Dip (Cheez Whiz)

PORTIONEN: 4 • VORBEREITUNGSZEIT: 10 MINUTEN • GARZEIT: KEINE • ❤ ✓ WF GF V

Hüttenkäse ist nicht nur etwas für Diät-Obstplatten.

400 g **Hüttenkäse**
1 **Knoblauchzehe,**
geschält und gehackt
1 EL **Worcestersauce**
1 TL **Tomatenketchup**
½ TL **Tabasco**
1 guter Spritzer **Limetten-**
oder **Zitronensaft**
1 EL frischer **Schnittlauch,**
gehackt

4 **Kirschtomaten,**
entkernt und gehackt
1 kleine Handvoll
frischer Koriander, gehackt
1 große **rote Chili,**
entkernt und dünn
geschnitten (optional)
Salz und **frisch gemahlener**
schwarzer Pfeffer

1. Alle Zutaten außer Schnittlauch, Tomaten, Koriander und Chili im Mixer gut verrühren. Kosten und eventuell nachwürzen. Das Ziel ist eine Mischung aus würzig, scharf und süß.

2. Die Sauce in eine Servierschüssel füllen und Schnittlauch und Tomaten unterrühren. Mit ein wenig gehacktem Koriander und Chilistückchen darauf servieren.

Kays Guacamole

PORTIONEN: 4 • VORBEREITUNGSZEIT: 10 MINUTEN • GARZEIT: KEINE • ❤ ✓ WF GF MF V

Üppig, grün und gesund.

1 **Knoblauchzehe,** geschält
2 reife **Avocados,**
entkernt und ausgelöst
Saft von ½ **Limette**
2 **Frühlingszwiebeln,** geputzt
und fein gehackt
1 kleine Handvoll **frischer**
Koriander, fein gehackt

½–1 **grüne Serrano-Chili**
oder **Jalapeño-Chili,** entkernt
und fein gehackt (optional)
4 **Kirschtomaten,**
in Stücke geschnitten
Meersalz zum Abschmecken

1. Den Knoblauch in einem großen Mörser zu einer Paste zerstoßen. Die Avocado zufügen und ebenfalls zerdrücken. Den Limettensaft einrühren.

2. Gehackte Frühlingszwiebeln, Koriander, Tomaten und, falls erwünscht, auch Chilis unterrühren. Mit Salz abschmecken.

Karotten-Kreuzkümmel-Dip

PORTIONEN: 4–6 • VORBEREITUNGSZEIT: 10 MINUTEN • GARZEIT: 50 MINUTEN
✓ WF GF MF V

Gesund und einfach. Und knallig orange.

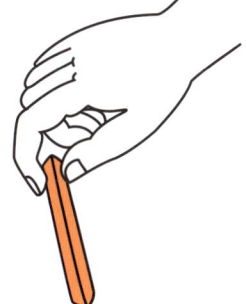

700 g **Karotten**, geputzt und grob gehackt
3 EL **Olivenöl**
1 Prise **Rohrzucker** (optional)
1 TL **gemahlener Kreuzkümmel**
1 **Knoblauchzehe**, geschält und grob zerdrückt
2 EL **Wasser**
Salz und **frisch gemahlener schwarzer Pfeffer**

1. Den Ofen auf 200 °C vorheizen.

2. Die Karotten mit 1 Esslöffel Olivenöl, einer Prise Zucker (oder auch nicht) und einer ordentlichen Prise Salz und Pfeffer in eine Braten-form geben.

3. Mit Folie abdecken und für 45–50 Minuten im Ofen rösten, bis die Karotten weich sind.

4. Aus dem Ofen nehmen und ein wenig abkühlen lassen.

5. Sobald die Karotten etwas abgekühlt sind, diese im Standmixer oder mit dem Stabmixer pürieren und dabei den Kreuzkümmel, den Knoblauch, die restlichen 2 Esslöffel Olivenöl und das Wasser unter-mischen, bis eine cremig-weiche Masse entsteht. Auf Zimmertem-peratur servieren.

UMRECHNUNGSTABELLE FÜR HÄUFIG GEBRAUCHTE MASSE IN GROSSBRITANNIEN

FLÜSSIGKEITEN

15 ml	$\frac{1}{2}$ fl oz
25 ml	1 fl oz
50 ml	2 fl oz
75 ml	3 fl oz
100 ml	$3\frac{1}{2}$ fl oz
125 ml	4 fl oz
150 ml	$\frac{1}{4}$ pint
175 ml	6 fl oz
200 ml	7 fl oz
250 ml	8 fl oz
275 ml	9 fl oz
300 ml	$\frac{1}{2}$ pint
325 ml	11 fl oz
350 ml	12 fl oz
375 ml	13 fl oz
400 ml	14 fl oz
450 ml	$\frac{3}{4}$ pint
475 ml	16 fl oz
500 ml	17 fl oz
575 ml	18 fl oz
600 ml	1 pint
750 ml	$1\frac{1}{4}$ pints
900 ml	$1\frac{1}{2}$ pints
1 Liter	$1\frac{3}{4}$ pints
1.2 Liter	2 pints
1.5 Liter	$2\frac{1}{2}$ pints
1.8 Liter	3 pints
2 Liter	$3\frac{1}{2}$ pints
2.5 Liter	4 pints
3.6 Liter	6 pints

GEWICHTE

5 g	$\frac{1}{4}$ oz
15 g	$\frac{1}{2}$ oz
20 g	$\frac{3}{4}$ oz
25 g	1 oz
50 g	2 oz
75 g	3 oz
125 g	4 oz
150 g	5 oz
175 g	6 oz
200 g	7 oz
250 g	8 oz
275 g	9 oz
300 g	10 oz
325 g	11 oz
375 g	12 oz
400 g	13 oz
425 g	14 oz
475 g	15 oz
500 g	1 lb
625 g	$1\frac{1}{4}$ lb
750 g	$1\frac{1}{2}$ lb
875 g	$1\frac{3}{4}$ lb
1 kg	2 lb
1.25 kg	$2\frac{1}{2}$ lb
1.5 kg	3 lb
1.75 kg	$3\frac{1}{2}$ lb
2 kg	4 lb

OFENTEMPERATUREN

110°C	(225°F)	Gas Stufe $^1/_4$
120°C	(250°F)	Gas Stufe $^1/_2$
140°C	(275°F)	Gas Stufe 1
150°C	(300°F)	Gas Stufe 2
160°C	(325°F)	Gas Stufe 3
180°C	(350°F)	Gas Stufe 4
190°C	(375°F)	Gas Stufe 5
200°C	(400°F)	Gas Stufe 6
220°C	(425°F)	Gas Stufe 7
230°C	(450°F)	Gas Stufe 8

LÄNGEN

5 mm	$^1/_4$ inch
1 cm	$^1/_2$ inch
1.5 cm	$^3/_4$ inch
2.5 cm	1 inch
5 cm	2 inches
7 cm	3 inches
10 cm	4 inches
12 cm	5 inches
15 cm	6 inches
18 cm	7 inches
20 cm	8 inches
23 cm	9 inches
25 cm	10 inches
28 cm	11 inches
30 cm	12 inches
33 cm	13 inches

Arbeiten mit unterschiedlichen Herdtypen

Alle Rezepte in diesem Buch sind mit Backöfen getestet worden, die keine Umluft haben. Wenn Sie ohne Umluft backen, sollten Sie den Kuchen auf mittlerer Schiene mittig platzieren, weil die Hitze aufsteigt und es oben heißer wird als unten.

Wenn Sie einen Umluftofen benutzen, senken Sie die in den Rezepten angegebene Temperatur um 20°C. Moderne Umluftöfen lassen die Hitze gleichmäßig im Ofen zirkulieren, sodass man sich über die Positionierung des Kuchens keine Gedanken machen braucht. Selbst wenn Sie mehrere Backbleche eingeschoben haben, wird der Ventilator die Hitze gleichmäßig verteilen. Unabhängig vom Herdtyp werden Sie bald merken, dass Ihr Ofen ganz bestimmte Eigenarten hat. Deshalb müssen Sie sich nicht streng an die Angaben im Backrezept halten.

Symbolschlüssel für die Rezepte

❤ WENIG GESÄTTIGTE FETTSÄUREN

✓ GUTE KOHLENHYDRATE (NIEDRIGER GI = GLYKÄMISCHER INDEX)/GUTER ZUCKER

WF WEIZENFREI

GF GLUTENFREI

MF MILCHFREI

V VEGETARISCH

Ⓤ ÜPPIGE SCHLEMMEREI

🐦 BACKTIPPS, ZUSÄTZLICHE INFORMATIONEN UND ALTERNATIVEN
TIPP

Index

© 2014 der deutschen Ausgabe DuMont Buchverlag, Köln

Die Originalausgabe erschien 2013 bei Conran Octopus Ltd.

© 2013 Text: Leon Restaurants Ltd
© 2013 Design und Layout: Conran Octopus Ltd
© 2013 Illustrationen: Anita Mangan
© 2013 Fotografien: Georgia Glynn Smith

Herausgeber: Alison Starling
Redaktion: Sybella Stephens
Redaktionsassistenz: Stephanie Milner
Art Director: Jonathan Christie
Art Direction, Design & Illustrationen: Anita Mangan
Designassistenz: Abigail Read
Fotografien: Georgia Glynn Smith
Produktion: Katherine Hockley

Deutsche Ausgabe
Verlagskoordination: Marisa Botz
Satz: Marina Teschner

ISBN 978-3-8321-9479-6
www.dumont-buchverlag.de

Printed in China

Eine Anmerkung der Autoren:
Wenn nicht anders angegeben, sollten Eier der Größe M genutzt werden.
Wir haben versucht, bei der Angabe aller Vorbereitungs- und Garzeiten für die Rezepte in diesem Buch, so genau wie möglich zu sein. Trotzdem handelt es sich dabei um Schätzungen, die auf unserer eigenen Zeitnahme während des Ausprobierens der Rezepte beruhen und die als bloße Orientierungshilfe, nicht aber als wortwörtliche Wahrheit, betrachtet werden sollten. Wir waren auch bemüht, all unsere Food Facts gewissenhaft zu recherchieren, aber wir sind keine Wissenschaftler. Also sind unsere Food Facts und unsere Ernährungs-Ratschläge nicht absolut gültig. Falls Sie das Gefühl haben, dass sie Rat von einem Ernährungsberater benötigen, bitten Sie Ihren praktischen Arzt um eine Empfehlung.